LA GUIDA AL RISPARMIO DOMESTICO

di Giovanni Comini

1. Budget mensile:

- Inizia creando un budget mensile dettagliato. Elenca tutte le entrate e le uscite, comprese le spese fisse (affitto, bollette, assicurazioni) e variabili (cibo, svaghi, shopping). Avere una visione chiara delle tue finanze è il primo passo per il risparmio.

2. Priorità alle necessità:

- Identifica le spese essenziali e riduci le spese superflue. Assicurati di coprire le necessità di base come cibo, alloggio e servizi pubblici prima di spendere per l'intrattenimento o gli acquisti non essenziali.

3. Risparmio energetico:

- Adotta abitudini a basso consumo energetico. Spegni gli apparecchi quando non sono in uso, utilizza lampadine a LED, regola il termostato in modo efficiente e considera l'acquisto di elettrodomestici a basso consumo energetico.

4. Acquisti intelligenti:

- Pratica l'acquisto ponderato. Confronta i prezzi prima di fare acquisti, cerca offerte e sconti, usa buoni sconto e considera l'acquisto di prodotti generici invece di quelli di marca.

5. Cibo:

- Pianifica i pasti settimanali in anticipo, fai una lista della spesa e attieniti ad essa. Evita di fare la spesa a stomaco vuoto, poiché potresti essere incline a comprare alimenti non necessari. Riduci anche il numero di pasti fuori casa.

6. Trasporti:

- Utilizza mezzi di trasporto pubblici, condividi l'auto con amici o colleghi quando possibile e considera l'uso di biciclette o mezzi di trasporto a piedi per spostamenti brevi.

7. Intrattenimento a basso costo:

- Cerca opzioni di intrattenimento più economiche come parchi, musei gratuiti o a basso costo, serate a casa con amici, streaming invece di andare al cinema, e partecipa a eventi locali gratuiti.

8. Rimborso debiti:

- Se hai debiti, cerca di ripagare quanto prima. Priorizza i debiti ad alto interesse e cerca di negoziare piani di rimborso più favorevoli con i creditori, se possibile.

9. Risparmio automatico:

- Configura un sistema di risparmio automatico. Trasferisci una percentuale delle tue entrate direttamente in un conto di risparmio ogni mese. Questo ti aiuterà a stabilire il risparmio come una priorità.

10. Revisione periodica:

- Rivedi regolarmente il tuo budget per assicurarti che sia ancora adatto alle tue esigenze e agli obiettivi di risparmio. Fai eventuali aggiornamenti in base alle tue circostanze finanziarie.

Seguendo queste linee guida, puoi creare un ambiente domestico più orientato al risparmio e migliorare la tua situazione finanziaria nel tempo.

Capitolo 1: Budget Mensile - Creare una Fondamenta Solida per il Risparmio Domestico

Il primo passo fondamentale verso il risparmio domestico è la creazione di un budget mensile accurato. Questo strumento ti permette di avere una visione chiara delle tue finanze, evidenziando entrate e uscite in modo dettagliato. Seguendo questa guida, imparerai a costruire una fondamenta solida per gestire saggiamente le tue risorse finanziarie.

1.1 Identificare le Entrate:

Inizia elencando tutte le tue fonti di reddito mensili. Questo potrebbe includere lo stipendio, bonus, entrate da attività secondarie, affitti o qualsiasi altra forma di guadagno regolare. Assicurati di prendere in considerazione solo le entrate nette, ovvero il denaro che effettivamente finisce nelle tue tasche dopo le deduzioni fiscali.

1.2 Categorizzare le Uscite:

Dopo aver chiarito le entrate, passa a dettagliare le uscite mensili. Dividi le spese in due categorie principali: fisse e variabili.

1.2.1 Spese Fisse:

Le spese fisse includono pagamenti regolari che rimangono costanti ogni mese. Queste potrebbero comprendere l'affitto o il mutuo, le bollette delle utenze (luce, gas, acqua), l'assicurazione e gli abbonamenti mensili.

1.2.2 Spese Variabili:

Le spese variabili sono quelle che possono fluttuare da un mese all'altro. Queste potrebbero includere generi alimentari, intrattenimento, trasporti e spese di abbigliamento. Identifica le categorie specifiche e stima realisticamente quanto potresti spendere in ognuna di esse.

1.3 Creare una Tabella o un Foglio di Calcolo:

Organizza le tue entrate e uscite in una tabella o un foglio di calcolo. Puoi utilizzare strumenti come Microsoft Excel, Google Sheets o semplicemente carta e penna. Assicurati di essere accurato e includi tutte le voci rilevanti.

1.4 Bilanciare il Budget:

La chiave per un budget di successo è assicurarsi che le entrate superino le spese. Se il bilancio è in deficit, è il momento di esaminare le spese variabili e cercare opportunità di tagliare o ridurre. Se hai un surplus, considera l'allocazione di quella somma al risparmio.

1.5 Creare una Riserva di Emergenza:

Oltre al risparmio mensile, è consigliabile stabilire una riserva di emergenza equivalente a almeno tre-sei mesi di spese fisse. Questo fondo di sicurezza ti proteggerà in caso di imprevisti, come la perdita del lavoro o spese mediche inattese.

1.6 Monitorare e Aggiornare Regolarmente:

Rivedi il tuo budget mensile regolarmente, preferibilmente alla fine di ogni mese. Questo ti permetterà di identificare tendenze, apportare modifiche e adattare il budget alle tue esigenze in evoluzione.

Seguendo attentamente questo primo capitolo, potrai stabilire una base solida per il tuo viaggio verso il risparmio domestico, garantendo una gestione finanziaria più consapevole e sostenibile nel tempo.

Capitolo 2: Priorità alle necessità

Il concetto fondamentale di questo capitolo è quello di identificare e assegnare priorità alle spese essenziali rispetto a quelle non essenziali. Questo processo è cruciale per stabilire una base solida per il risparmio domestico. Ecco una guida dettagliata:

1. Analisi delle spese:

- Inizia esaminando attentamente le tue spese mensili. Crea una lista dettagliata di tutte le tue spese, suddividendole tra quelle essenziali e non essenziali. Le spese essenziali includono cose come affitto o mutuo, bollette, cibo e trasporti. Le spese non essenziali possono comprendere intrattenimento, abbonamenti, acquisti impulsivi e altre spese discrezionali.

2. Criteri di necessità:

- Definisci chiaramente i criteri per determinare se una spesa è essenziale o meno. Le necessità di base dovrebbero includere tutto ciò che è indispensabile per il tuo benessere e la tua sopravvivenza. Ad esempio, il cibo è una necessità, ma il pasto costoso al ristorante potrebbe essere considerato una spesa non essenziale.

3. Copertura delle necessità di base:

- Assicurati che le spese essenziali siano coperte prima di allocare risorse per spese non essenziali. Questo significa che l'affitto o il mutuo, le bollette, il cibo e altre necessità primarie dovrebbero essere considerati come priorità assolute.

4. Riduzione delle spese non essenziali:

- Una volta che hai identificato le spese non essenziali, cerca modi per ridurle. Potresti esplorare opzioni più economiche per attività di svago, limitare gli acquisti impulsivi, rinunciare a abbonamenti non utilizzati e cercare sconti o offerte speciali.

5. Realismo e flessibilità:

- Sii realistico nella tua valutazione delle spese. Talvolta, ci potrebbero essere spese apparentemente non essenziali che contribuiscono al tuo benessere emotivo o sociale. In questi casi, cerca un equilibrio tra il risparmio e il mantenimento di una buona qualità di vita. Tuttavia, è importante essere flessibili e aperti a modificare il tuo approccio in base alle tue esigenze e alle tue circostanze finanziarie.

6. Monitoraggio costante:

- Implementa un sistema di monitoraggio costante delle tue spese. Rivedi regolarmente il tuo budget per assicurarti di rispettare le priorità stabilite. Se noti delle variazioni, considera se sono giustificate o se è necessario apportare modifiche al tuo piano di spesa.

Assegnando priorità alle necessità, sarai in grado di gestire in modo più efficace le tue finanze domestiche, stabilendo una solida base per il risparmio e riducendo le spese superflue.

Capitolo 3: Risparmio Energetico

Il risparmio energetico non solo contribuisce a ridurre le bollette, ma anche a diminuire l'impatto ambientale. Adoptare abitudini a basso consumo energetico può portare benefici a lungo termine sia per il tuo portafoglio che per l'ambiente. Ecco alcune strategie dettagliate per implementare il risparmio energetico in casa:

a. Gestione del Riscaldamento e del Raffreddamento:

- Termostato Programmabile: Investi in un termostato programmabile per regolare la temperatura in base ai tuoi orari giornalieri. Riduci la temperatura quando non sei in casa o di notte per risparmiare energia.

- Isolamento: Assicurati che la casa sia ben isolata. Sigilla eventuali fessure nelle finestre e nelle porte per evitare dispersioni di calore, riducendo così la necessità di riscaldamento e raffreddamento.

- Manutenzione degli Impianti: Controlla e manutenziona regolarmente il sistema di riscaldamento e raffreddamento. Un sistema ben mantenuto è più efficiente e consuma meno energia.

b. Elettronica ed Elettrodomestici:

- Spegnimento Standby: Molti dispositivi elettronici consumano energia anche quando sono in modalità standby. Utilizza prese multiple con interruttori per spegnere completamente i dispositivi quando non sono in uso.

- Elettrodomestici a Basso Consumo: Considera l'acquisto di elettrodomestici a basso consumo energetico, identificabili spesso dal marchio ENERGY STAR. Questi apparecchi sono progettati per essere più efficienti dal punto di vista energetico.

- Lavatrice e Lavastoviglie: Utilizza la lavatrice e la lavastoviglie solo a pieno carico. Lavare a basse temperature e asciugare all'aria invece di usare l'asciugatrice sono ulteriori strategie per risparmiare energia.

c. Illuminazione:

- Lampadine a LED: Sostituisci le lampadine tradizionali con lampadine a LED a risparmio energetico. Sebbene abbiano un costo iniziale leggermente più alto, durano più a lungo e consumano meno energia.

- Sensori di Movimento: Installa sensori di movimento per l'illuminazione in luoghi come corridoi, bagni e stanze poco frequentate. Ciò assicurerà che le luci si accendano solo quando necessario.

- Luci Naturali: Sfrutta al massimo la luce naturale durante il giorno. Mantieni le tende aperte e posiziona gli arredi in modo da massimizzare l'illuminazione naturale.

Adottando queste pratiche, non solo ridurrai i costi energetici a lungo termine, ma contribuirai anche a ridurre l'impatto ambientale, promuovendo uno stile di vita più sostenibile e consapevole.

Capitolo 4: Acquisti intelligenti

Il capitolo sugli acquisti intelligenti è fondamentale per implementare una strategia di risparmio domestico efficace. Un approccio oculato alle spese quotidiane può fare una grande differenza nel bilancio familiare. Di seguito, troverai una spiegazione dettagliata su come adottare pratiche di acquisto intelligenti:

4.1 Ricerca dei prezzi:

- Prima di fare un acquisto, prenditi del tempo per confrontare i prezzi. Utilizza siti web, app e comparatori online per verificare dove puoi ottenere il miglior affare. Ricorda che anche piccole differenze percentuali possono accumularsi nel tempo.

4.2 Offerte e sconti:

- Sii attento alle offerte e ai sconti disponibili. Molte aziende offrono promozioni stagionali o sconti per clienti fedeli. Iscriviti a programmi fedeltà o newsletter per essere aggiornato sulle offerte esclusive.

4.3 Buoni sconto e coupon:

- I buoni sconto possono essere un ottimo modo per risparmiare. Cerca buoni online, nei giornali locali o sulle app dedicate. Accumula buoni e usali quando fai la spesa o acquisti beni di largo consumo.

4.4 Prodotti generici:

- Spesso, i prodotti di marca e quelli generici contengono gli stessi ingredienti o materiali. Optare per i prodotti generici può rappresentare un risparmio significativo senza compromettere la qualità.

4.5 Sconti quantità:

- Approfitta degli sconti sulle quantità. Acquistare prodotti in confezioni più grandi può essere più conveniente, specialmente per beni di largo consumo che non scadono facilmente.

4.6 Acquisti ponderati:

- Prima di effettuare un acquisto, prenditi del tempo per valutare se il prodotto è davvero necessario. Chiediti se puoi aspettare e cercare un'offerta migliore o se esiste un'alternativa più economica.

4.7 Acquisti stagionali:

- Alcuni prodotti e beni di consumo hanno prezzi che variano a seconda della stagione. Acquista articoli fuori stagione quando i prezzi sono più bassi e approfitta dei saldi posticipati.

4.8 Acquisti online:

- Acquistare online può offrire prezzi più competitivi rispetto ai negozi fisici. Tuttavia, assicurati di considerare anche i costi di spedizione e di assicurarti che il venditore sia affidabile.

4.9 Controllo delle spese impulsiva:

- Resistere agli acquisti impulsivi è essenziale. Fissa regole per te stesso, come attendere almeno 24 ore prima di effettuare un acquisto non pianificato. Questo darà il tempo di riflettere sulla reale necessità del prodotto.

4.10 Negoziazione:

- In alcune situazioni, come l'acquisto di beni di valore o la stipula di contratti di servizi, la negoziazione è possibile. Non esitare a cercare sconti o migliori condizioni di pagamento.

Implementare queste pratiche di acquisto intelligente può avere un impatto significativo sul tuo budget domestico, contribuendo a una gestione finanziaria più efficiente e a un maggiore risparmio nel lungo termine.

Capitolo 5: Ottimizzare le Spese Alimentari

Il costo del cibo può rappresentare una parte significativa del budget familiare. Tuttavia, con una pianificazione oculata e alcune abitudini intelligenti, è possibile ridurre le spese alimentari senza compromettere la qualità o la varietà dei pasti. Ecco alcuni consigli dettagliati per ottimizzare le spese alimentari:

Pianificazione dei Pasti:

- Inizia pianificando i pasti settimanali. Prenditi del tempo per pensare a cosa vuoi cucinare durante la settimana e crea un elenco degli ingredienti necessari. Questo ti aiuterà a evitare acquisti impulsivi e sprechi.

Lista della Spesa:

- Basa i tuoi acquisti su una lista della spesa ben strutturata. Concentrati sugli ingredienti necessari per i pasti pianificati, evitando di deviare dalla lista. Questo può impedire acquisti superflui e mantenere le spese sotto controllo.

Acquisto in Quantità:

- Acquista prodotti non deperibili o a lunga conservazione in grandi quantità quando sono in offerta. Ciò può essere particolarmente vantaggioso per articoli come pasta, riso, lattine e prodotti surgelati. Assicurati però che gli alimenti abbiano una durata sufficiente e che sarai in grado di consumarli prima della scadenza.

Promozioni e Sconti:

- Sfrutta le promozioni e i buoni sconto disponibili. Monitora le offerte nei volantini settimanali, utilizza app o programmi fedeltà dei supermercati e cerca buoni sconto online. Questo ti permetterà di risparmiare notevolmente sui prodotti di uso comune.

Acquisto di Generici:

- Considera l'opzione di acquistare marche generiche o prodotti a marchio del distributore. Spesso, la qualità è paragonabile a quella dei prodotti di marca, ma il prezzo può essere notevolmente inferiore. Sperimenta con diversi prodotti per trovare quelli che soddisfano le tue aspettative.

Stagionalità e Prodotti Locali:

- Acquista frutta e verdura di stagione, poiché sono spesso più economici e di migliore qualità. Inoltre, cerca di sostenere i produttori locali visitando i mercati agricoli. I prodotti locali possono essere freschi, sostenibili e più convenienti rispetto a quelli importati.

Evitare gli Sprechi:

- Riduci gli sprechi cercando di utilizzare completamente gli ingredienti. Pianifica pasti che utilizzino gli avanzi e conserva adeguatamente il cibo per evitare deterioramenti prematuri. Inoltre, considera l'opzione di compostare gli scarti alimentari invece di gettarli.

Cucina Casalinga:

- Prepara i pasti a casa il più spesso possibile. Cucinare in casa non solo è più economico, ma ti offre anche maggiore controllo sugli ingredienti e sulle porzioni. Puoi anche sperimentare con ricette nuove e creare piatti deliziosi a costi inferiori rispetto a quelli dei ristoranti.

Adottando queste pratiche, potrai ridurre significativamente le tue spese alimentari senza sacrificare la qualità della tua alimentazione. L'attenzione alla pianificazione, la ricerca di offerte e la consapevolezza degli sprechi possono contribuire in modo significativo a un risparmio duraturo.

Capitolo 6: Trasporti - Riduzione dei Costi e Sostenibilità Ambientale

Il capitolo dedicato ai trasporti rappresenta un aspetto critico nella gestione del risparmio domestico, coinvolgendo non solo l'aspetto finanziario, ma anche l'impatto sull'ambiente. Esploriamo diverse strategie per ridurre i costi legati ai trasporti, favorendo al contempo scelte più sostenibili.

Mezzi di Trasporto Pubblici:

- Un approccio efficace per ridurre le spese di trasporto è l'utilizzo dei mezzi pubblici. Controlla l'efficienza delle reti di autobus, treni o metropolitane nella tua zona e valuta l'opportunità di utilizzarli regolarmente. In molte città, gli abbonamenti mensili possono risultare più convenienti rispetto all'uso di un'auto privata.

Carpooling e Condivisione Auto:

- Riduci i costi del carburante e dell'usura del veicolo praticando il carpooling con amici, colleghi o membri della famiglia. La condivisione di auto con persone che fanno percorsi simili può essere un modo efficace per dividere le spese di trasporto.

Mobilità Sostenibile:

- Esplora opzioni di mobilità sostenibile come l'uso della bicicletta o camminate per spostamenti brevi. Oltre al risparmio economico, favorire modalità di trasporto a impatto zero sull'ambiente può contribuire alla tua sostenibilità personale.

Manutenzione Preventiva dell'Auto:

- Investi nella manutenzione preventiva del tuo veicolo. Un'auto ben mantenuta consuma meno carburante e richiede meno costosi interventi correttivi. Controlla regolarmente olio, filtri dell'aria e pressione degli pneumatici per massimizzare l'efficienza del carburante.

Guida Efficientemente:

- Adotta abitudini di guida efficienti, come mantenere una velocità costante, evitare accelerazioni e decelerazioni brusche e spegnere il motore quando sostai brevemente. Queste pratiche possono aumentare l'efficienza del carburante e ridurre i costi associati.

Esplora Opzioni di Lavoro Flessibili:

- Se possibile, valuta opzioni di lavoro flessibili come il telelavoro o orari di lavoro flessibili. Riducendo la necessità di spostamenti giornalieri, potresti risparmiare non solo denaro ma anche tempo prezioso.

Ricerca di Sconti e Programmi di Car-Sharing:

- Esplora sconti e programmi di car-sharing nella tua zona. Alcune città offrono servizi di condivisione auto a tariffe orarie convenienti, riducendo la necessità di possedere un veicolo a tempo pieno.

Acquisto di Auto Usate ed Ecologiche:

- Quando è il momento di acquistare un'auto nuova, considera l'opzione di veicoli usati o modelli ecologici. Le auto usate spesso mantengono un valore più basso rispetto a quelle nuove, mentre le auto ecologiche possono offrire un risparmio a lungo termine attraverso l'efficienza del carburante.

Queste strategie mirate ai trasporti non solo ti aiuteranno a risparmiare denaro, ma contribuiranno anche a ridurre l'impatto ambientale delle tue attività quotidiane. La combinazione di scelte oculate e consapevolezza ambientale può portare a un bilancio più sostenibile sotto diversi aspetti.

Il capitolo 7 riguarda l'adozione di pratiche di intrattenimento a basso costo per contribuire al risparmio domestico. Vediamo in dettaglio alcune strategie e suggerimenti:

7. Intrattenimento a basso costo:

L'intrattenimento rappresenta una parte significativa delle spese per molte persone, ma è possibile ridurre notevolmente questi costi adottando alcune pratiche oculate. Ecco alcune strategie da considerare:

a. Alternativa ai luoghi costosi:

- Cerca alternative a luoghi di intrattenimento costosi come ristoranti di lusso o luoghi di divertimento a pagamento. Opta per ristoranti più economici, picnics in parchi pubblici, o organizza serate a casa con amici, magari con cene condivise o giochi da tavolo.

b. Eventi locali gratuiti o a basso costo:

- Molte comunità organizzano eventi gratuiti o a basso costo, come concerti all'aperto, festival locali, mostre d'arte e proiezioni cinematografiche in luoghi pubblici. Sfrutta queste opportunità per divertirti senza spendere troppo.

c. Abbonamenti e streaming:

- Valuta l'utilizzo di servizi di streaming anziché frequentare cinema o teatri, risparmiando sui costi dei biglietti e sugli spostamenti. Condividere abbonamenti con familiari o amici può anche ridurre ulteriormente i costi.

d. Biblioteca locale:

- Le biblioteche offrono una vasta gamma di risorse gratuite, tra cui libri, film, musica, e spesso organizzano eventi culturali o incontri. Trascorrere del tempo alla biblioteca può essere una fonte di intrattenimento economica e culturalmente arricchente.

e. Attività all'aperto:

- Sfrutta le attività all'aperto come escursioni, passeggiate in bicicletta, o semplici gite nella natura. Queste attività spesso richiedono solo un minimo investimento in attrezzatura e possono essere un modo divertente ed economico per trascorrere il tempo libero.

f. Coupon e offerte speciali:

- Cerca coupon, sconti e offerte speciali per ridurre i costi di attività di intrattenimento. Siti web, app o programmi di fedeltà possono offrire sconti su ristoranti, cinema, concerti e altre attività ricreative.

g. Cultura fai-da-te:

- Esplora il mondo della cultura fai-da-te, come la creazione di opere d'arte, la musica, o la scrittura. Queste attività possono essere non solo gratificanti, ma anche una forma di intrattenimento a basso costo che ti permette di sviluppare nuove abilità.

Adottando queste strategie, puoi mantenere un livello di intrattenimento elevato senza compromettere il tuo bilancio mensile. La chiave è essere creativi e cercare alternative che soddisfino i tuoi interessi senza inflazionare le spese di divertimento.

Capitolo 8: Rimborso dei debiti

Il capitolo sul rimborso dei debiti è un elemento fondamentale nella guida al risparmio domestico, poiché il debito può essere un ostacolo significativo per raggiungere gli obiettivi finanziari. Ecco una dettagliata spiegazione su come affrontare il rimborso dei debiti:

8.1 Analisi del debito:

Prima di iniziare qualsiasi piano di rimborso, è cruciale comprendere appieno il proprio debito. Fai una lista dettagliata di tutti i tuoi debiti, inclusi quelli con tassi di interesse più elevati come carte di credito o prestiti personali. Identifica anche i termini e le condizioni di ciascun debito, comprese eventuali penalità per pagamenti in ritardo.

8.2 Priorità dei debiti:

Non tutti i debiti sono uguali. Priorizza quelli con tassi di interesse più elevati, poiché pagare prima questi debiti può risparmiarti interessi considerevoli nel lungo periodo. Tuttavia, continua a effettuare i pagamenti minimi sugli altri debiti per evitare penalità.

8.3 Negoziare con i creditori:

In alcuni casi, è possibile negoziare con i creditori per ottenere piani di rimborso più favorevoli o per ridurre gli interessi. Molti creditori preferiscono ricevere pagamenti regolari e potrebbero essere disposti a collaborare per trovare soluzioni che siano vantaggiose per entrambe le parti. Non esitare a contattarli e discutere delle tue opzioni.

8.4 Taglia le spese superflue:

Per accelerare il processo di rimborso, cerca di identificare e tagliare spese non essenziali. Il denaro risparmiato può essere dirottato verso i pagamenti dei debiti. Rivisita il budget mensile e cerca aree in cui è possibile ridurre le spese per indirizzare più fondi verso il rimborso del debito.

8.5 Reduci le spese variabili:

Oltre alle spese superflue, valuta anche la possibilità di ridurre le spese variabili. Ad esempio, cerca alternative più economiche per le attività di svago, riduci i pasti fuori casa o rinuncia a costosi abbonamenti che non stai sfruttando appieno.

8.6 Genera entrate extra:

Esplora opportunità per generare entrate extra al di fuori del tuo reddito principale. Questo può includere un lavoro part-time, freelance o la vendita di articoli non necessari. Utilizza queste entrate extra per aumentare i pagamenti verso i tuoi debiti.

8.7 Monitora e aggiorna:

Mentre lavori al rimborso dei debiti, monitora costantemente il tuo progresso. Registra i pagamenti effettuati, verifica periodicamente il tuo budget e apporta aggiornamenti quando necessario. La consapevolezza della tua situazione finanziaria è fondamentale per mantenere la motivazione e adattare la strategia di rimborso secondo le tue esigenze.

Affrontare i debiti con una strategia ponderata e costante può portare a risultati tangibili nel tempo, migliorando la tua situazione finanziaria complessiva e aprendo la strada al risparmio futuro.

Capitolo 9: Risparmio Automatico

Il risparmio automatico è un elemento cruciale per garantire che mettere da parte una parte delle tue entrate diventi una pratica regolare e sistematica. Creare un sistema di risparmio automatico può semplificare notevolmente il processo e rendere il risparmio una priorità stabile nella tua vita finanziaria.

- Scegli il Conto di Risparmio Adeguato:

- Inizia aprendo un conto di risparmio dedicato. Cerca un conto che offra buoni tassi di interesse e, se possibile, che sia separato dal tuo conto corrente. Questo aiuterà a evitare la tentazione di utilizzare i fondi risparmiati per spese improvvise.

- Stabilisci un Importo Fisso o Percentuale:

  - Decide l'importo che desideri risparmiare ogni mese. Può essere un importo fisso, ad esempio, 100 euro, oppure una percentuale delle tue entrate mensili, come il 10%. La chiave è rendere l'importo ragionevole in modo da poterlo sostenere senza compromettere le tue spese essenziali.

- Configura un Trasferimento Automatico:

  - La maggior parte delle banche consente di impostare trasferimenti automatici tra conti. Programma un trasferimento mensile dal tuo conto corrente al conto di risparmio per l'importo che hai deciso. Puoi farlo utilizzando gli strumenti di online banking o tramite l'app mobile della tua banca.

- Sincronizza con il Giorno dello Stipendio:

- Se possibile, programma il trasferimento automatico per avvenire il giorno in cui ricevi lo stipendio o entrate regolari. Questo aiuterà a garantire che il risparmio sia una priorità immediata quando ricevi i fondi.

- Aumenta Gradualmente il Risparmio:

  - Nel tempo, cerca di aumentare l'importo che risparmi. Puoi farlo periodicamente, ad esempio, ogni sei mesi o ogni volta che ricevi un aumento di stipendio. L'obiettivo è adattare il tuo livello di risparmio alle tue crescenti capacità finanziarie.

- Automatizza gli Obiettivi di Risparmio:

  - Se hai obiettivi specifici di risparmio, come un fondo di emergenza o una vacanza, crea trasferimenti automatici separati per ciascun obiettivo. Questo ti aiuterà a monitorare e raggiungere i tuoi traguardi finanziari in modo più efficace.

- Monitora e Adatta:

- Periodicamente, rivedi i tuoi trasferimenti automatici. Se la tua situazione finanziaria cambia, adatta di conseguenza l'importo del risparmio o gli obiettivi. Mantenere una certa flessibilità ti permetterà di gestire meglio le variazioni nelle tue finanze.

Creando e mantenendo un sistema di risparmio automatico, renderai il processo di risparmio meno oneroso e più integrato nella tua routine finanziaria. Con il tempo, questo ti aiuterà a costruire una solida base finanziaria e a raggiungere i tuoi obiettivi di risparmio a lungo termine.

Capitolo 10: Revisione Periodica del Budget

La revisione periodica del budget è una pratica essenziale per mantenere il controllo delle tue finanze e adattare il tuo piano finanziario alle mutevoli circostanze della vita. Una corretta revisione del budget ti consentirà di individuare eventuali aree di miglioramento, di adattarti a nuove spese o di riorientare gli obiettivi di risparmio. Ecco alcuni passaggi dettagliati per eseguire una revisione efficace del tuo budget:

1. Frequenza della revisione:

- Determina con quale frequenza vuoi effettuare la revisione del budget. Mentre alcuni preferiscono farlo mensilmente, altri potrebbero optare per una revisione trimestrale o semestrale. La chiave è scegliere un intervallo che si adatti al tuo stile di vita e alle tue esigenze finanziarie.

2. Aggiornamento delle entrate e delle spese:

- Inizia aggiornando le informazioni sulle entrate e le spese. Verifica se ci sono cambiamenti nella tua situazione finanziaria, come un aumento o una diminuzione delle entrate, nuove spese o cambiamenti nelle tue priorità finanziarie.

3. Valutazione delle spese variabili:

- Esamina attentamente le spese variabili, come cibo, intrattenimento e svaghi. Chtrain Chiediti se ci sono opportunità per risparmiare in queste aree senza compromettere il tuo benessere.

4. Controllo delle spese fisse:

- Rivedi le spese fisse, come affitto, bollette e assicurazioni. Cerca offerte migliori o opzioni più convenienti. Ad esempio, potresti valutare la possibilità di cambiare fornitore per servizi come l'energia elettrica o l'assicurazione per ottenere tariffe più vantaggiose.

5. Analisi degli obiettivi di risparmio:

- Verifica i progressi verso i tuoi obiettivi di risparmio. Se stai risparmiando per un obiettivo specifico, come un viaggio o un fondo di emergenza, assicurati di essere sulla strada giusta. Se necessario, rivedi gli obiettivi e apporta eventuali aggiustamenti in base alla tua situazione attuale.

6. Ridistribuzione delle risorse:

- Se hai cambiato le tue priorità finanziarie o hai nuovi obiettivi, considera la possibilità di ridistribuire le risorse nel budget. Potresti dover tagliare alcune spese in un'area per investire di più in un'altra che è diventata una priorità.

7. Preparazione per imprevisti:

- Mantieni una piccola parte del budget dedicata a spese impreviste o emergenze. Questo ti aiuterà a gestire in modo più flessibile eventuali imprevisti senza dover apportare modifiche drastiche al tuo piano finanziario.

8. Consulenza professionale:

- Se hai dubbi o difficoltà nella revisione del budget, considera la possibilità di consultare un consulente finanziario. Un professionista può offrire consigli personalizzati in base alla tua situazione e aiutarti a sviluppare un piano finanziario più efficace.

La revisione periodica del budget è una pratica che richiede tempo e attenzione, ma i benefici a lungo termine nel mantenere una gestione finanziaria sana e il raggiungimento dei tuoi obiettivi valgono sicuramente l'impegno.